Bärenspaß 2

Geschichtenheft Aufbaustufe

Bärenspaß 2
Wer? Wie? Was? Mega
(Aufbaustufe)
ISBN-13: 978-3-86035-720-0
ISBN-10: 3-86035-720-4

Verfasser: Max Moritz Medo, Gunther Schneider
Umschlagbild und Illustration: Meike Naumann
Lieder: Manfred Wahl
Satz und Layout: Weiß GmbH & Co. KG.
Redaktion: Sanja Köster

5 4 3 2
09 08 07 06

Herzlichen Dank an alle Personen, die uns freundlicherweise die Fotos und Texte für dieses Buch zur Verfügung gestellt haben.

Die Rechte für folgende Fotos und Texte liegen bei (o = oben, u = unten, m = Mitte, l = links, r = rechts):
Harald Seeger 26 (Meine Familie); Christian Preuss Neudorf 10 (Einfamilienhaus), 15 u/r, 15 m/l, 45 (Kühe im Schnee), 55 (Foto 1); W. Schmidt 10 (Mehrfamilienhaus, Schloss), 52 (Kölner Dom); Peter Dahm 15 o/r, 25 m, 54 (Fußballfan), 56 (Junge mit Katze); C. Heidt 21 (Post, Bäckerei); Messe Frankfurt GmbH 10 (Torhaus), 50 (Messeturm); Förderverein Max-Planck-Gymnasium, Duisburg/ L. Posch 10 (Baumhaus); Reiscamp Nord Süd/W. Hadsik 10 (Zelt); Köln-Düsseldofer Deutsche Rheinschiffahrt AG 10 (Burg), 52 (Rhein mit Burg); Stolperhof / J. Bengs 10 (Bauernhof); Gästehaus Lührmann, Ramsau a. Dachstein 10 (Kind mit Iglu); Grundschule Königstädten, Rüsselsheim 21 (Schule); Catherine Laakmann 21 (Metropolis Kino, Köln); Junges Theater Göttingen 21 (Theater); Celia Körber-Leupold 21 (Kirche); Köln Bäder GmbH 21 (Agrippabad Köln); Die neue Apotheke/Reinhard 21 (Apotheke); Der grüne Punkt - Duales System Deutschland 44 (Container); Basel Tourismus 50 (Brücke, Basel); William Harris 50 (Brandenburger Tor); Goethe Institut Inter-Nationes 50 (Hamburg Speicherhallen); Mechtild Lecrinier 50 (Semper Oper); Österreich Werbung / Mayer 50 (Wien); Nordsee-Tourismus-Service GmbH 52 (Westerhever Leuchtturm); Österreich Werbung / Mayer 52 (Alpen); Julian und Linus Marticke, Joschua Heismann 54 (Kinder mit Meerschweinchen); Saskia Zikeli 54 (Mädchen mit Schnorchel); Carla und Carsten Kalliefe 54 (Junge und Mädchen); Traisaer Schule, Mühltal 55 (Sportfest); Grund- und Hauptschule Flein 55 (Schulfest); Christian Friedhoff 56 (Junge mit Hund); Julian Marticke 56 (Junge mit Meerschweinchen)
Wir danken Frau Radka Lemmen und Frau Alida Kresz-Bonmann für ihre wertvolle Unterstützung im Lektorat.

Rubensstr. 1-3, 50676 Köln, online: http//www.gilde-verlag.de
Druck: Druckzone GmbH & Co. KG, Cottbus

Inhalt

Kapitel		Seite

Die Ferien sind zu Ende

Onkel Johannes, Biene, Max, Mama und Papa Schneider fahren nach Hause.

Max: „Schaut mal, da!"
Biene: „Da ist unser Haus!"
Papa: „Ja, Kinder! Wir sind wieder zu Hause!"

Sie tragen alle Sachen in das Haus. Mama trägt einen kleinen Koffer und eine Tasche. Papa trägt einen großen Koffer.

Onkel Johannes trägt einen Eimer und ein Hemd. Max trägt zwei Taschen und Gummistiefel.

Im Jeep ist noch ein großer Korb mit Äpfeln und Birnen. Biene nimmt den Korb, aber sie passt nicht auf. Bums! Der Korb fällt auf die Straße. Die Äpfel und die Birnen fallen aus dem Korb. Sie rollen auf die Straße!

Da kommt ein Mädchen.

Mädchen: „Hallo! Ich helfe dir."
Biene: „Danke!"

Biene und das Mädchen heben die Äpfel und die Birnen auf und legen sie wieder in den Korb.

Ein Auto kommt.
Es fährt sehr schnell!

Max kommt und ruft:
„Biene, pass auf!
Ein Auto!“
Biene und das Mädchen springen zurück.
Das Auto bremst.
Biene: „Glück gehabt!
Danke, Max.
Du hast uns gerettet!“
Das Auto fährt weiter.

Biene: „Wie heißt du denn?“
Mädchen: „Ich heiße Julia. Und wer bist du?“
Biene: „Ich bin Biene. Und das ist Max, mein Bruder.“
Julia: „Wohnt ihr hier?“
Max: „Ja, wir wohnen hier. Und du? Wo wohnst du?“
Julia: „Ich wohne dort, im Haus Nummer fünf.“

Biene: „Kannst du mir helfen, Julia?“
Julia: „Klar, ich helfe dir. Der Korb ist aber sehr schwer!“

Julia und Biene tragen den großen Korb ins Haus.

Fertig! Alle Sachen sind im Haus.

Biene, Max und Julia sitzen im Kinderzimmer. Da stehen zwei Betten, ein großer Schrank, ein Regal und ein Tisch. Auf dem Tisch steht ein Computer.
Julia: „Ihr habt ja einen Computer! Toll!“
Biene: „Ja! Hast du auch einen Computer?“
Julia: „Nein, aber meine Mama hat einen Computer. Da kann ich spielen.“

Max: „Vielleicht sind ja neue E-Mails da.“
Julia: „Kannst du schon allein E-Mails schreiben?“
Max: „Na, klar! Das ist ganz einfach. Schau mal!“
Max macht den Computer an.

Frau Schneider kommt: „Spielt doch nicht wieder am Computer! Räumt bitte zuerst das Zimmer auf!“

Biene und Max räumen das Zimmer auf. Sie legen alle Sachen in den Schrank und in das Regal: Bücher, T-Shirts, Hosen, Kleider, Jacken, Strümpfe und Schuhe.

Endlich ist alles fertig.

Frau Schneider: „Morgen fängt die Schule an. Gehst du auch in die Schule, Julia?“
Julia: „Ja, klar.“
Biene: „Toll! Dann können wir ja zusammen gehen!“
Frau Schneider: „Das ist gut! Max geht auch mit.“
Biene: „Wann treffen wir uns?“
Frau Schneider: „Die Schule fängt um halb neun an. Ihr müsst um acht Uhr gehen.“
Julia: „Wir treffen uns um acht Uhr vor deinem Haus, okay?“
Biene: „Ja gut, um acht!“

Julia: „Wie spät ist es denn jetzt?“
Frau Schneider: „Es ist sechs Uhr.“
Julia: „Oh, gleich essen wir.
Ich muss jetzt schnell nach Hause gehen.
Tschüss, Biene! Auf Wiedersehen, Frau Schneider!“
Biene: „Tschüss! Bis morgen!“
Frau Schneider: „Auf Wiedersehen, Julia!“

Julia passt gut auf: Sie schaut nach links, nach rechts und dann wieder nach links.
Die Straße ist frei und Julia geht nach Hause.

1. Eine E-Mail für Biene.
Ein Virus hat einige Buchstaben gelöscht. Kannst du die E-Mail richtig ins Heft schreiben?

Von: Beate.Schneider@baer.de
An: <Max.Schn_ _ _er@frosch.de>
Betreff: E-Mail für Biene: Die Sch_ _e fängt an!
Datum: 3. Sept_ _ber

Liebe Biene,

m_rg_n f_ngt die Schul_ an.
Ich wünsche dir viel Sp_ß in der S_ _ule.
S_ _reib mir mal!

Deine Tante Beate

2. Findest du alle Wörter? Schreibe sie in dein Heft mit *der, das* oder *die.* Male jetzt alle *der*-Wörter blau, alle *das*-Wörter grün und alle *die*-Wörter rot.

dasFensterdieTürderEimerdieTreppedasAutodieTasche
derKofferdieSchuledasZimmerdasHausderKorbderWald
dieUhrderSchrankdasBett

3. Wo wohnst du? Wo möchtest du wohnen?

in einem Einfamilienhaus

in einem Mehrfamilienhaus

in einem Hochhaus

in einem Zelt

in einem Baumhaus

in einem Schloss

in einer Burg

auf einem Bauernhof

in einem Iglu

4. Male dein Zimmer.
Schreibe auf, was in deinem Zimmer ist.

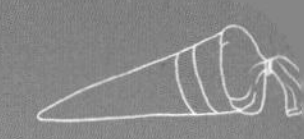

Der erste Schultag

Montag, acht Uhr. Biene und Julia treffen sich auf der Straße. Sie tragen große Schultüten.
Julia: „Hallo, Biene! Wie geht's?"
Biene: „Hallo, Julia! Gut. Und dir?"
Julia: „Prima!"

Max kommt.
Julia: „Hallo, Max! Kommst du mit in die Schule?"
Max: „Ja, los, wir gehen! Gleich kommt der Bus!"

Biene, Julia und Max gehen zur Bushaltestelle.

Da kommt der Bus mit der Nummer 19. Julia, Biene und Max steigen ein.
Im Bus sitzen viele Kinder.
Der Bus fährt zur Schule.

Auf dem Schulhof sind schon viele Jungen und Mädchen. Da ist auch Lukas.
Er ist der beste Freund von Max.
Biene und Julia stehen allein. Frau Adams, die Lehrerin, kommt.

Biene: „Hallo, Frau Adams! Kennen Sie mich noch?“
Frau Adams: „Natürlich! Du bist Biene. Wie geht es dir?“
Biene: „Gut, danke! Das ist meine Freundin, Julia Schmitt.“
Frau Adams: „Hallo, Julia! Ich bin Frau Adams, die Lehrerin. Kommt mit!“

Frau Adams, Julia und Biene gehen ins Schulhaus.

Es ist halb neun.
Die Kinder sitzen im Klassenzimmer.
Frau Adams zählt die Kinder.
Frau Adams: „Eins, zwei, drei, vier, ... sechzehn, siebzehn. Siebzehn?“
Ein Kind fehlt! Wer fehlt?
„Paul?“ „Hier!“ „Biene?“ „Hier!“
„Julia?“ „Hier!“ „Michael? Michael?“
Wo ist Michael?
Michael ist nicht da.

Es ist schon Viertel vor neun.
Die Tür geht auf.
Ein Junge kommt in die Klasse.
Junge: „Entschuldigung, Frau Adams. Ich habe die Klasse nicht gefunden. Ich bin Michael Sommer.“
Frau Adams: „Komm herein, Michael! Setz dich bitte hier hin. Prima! Jetzt sind ja alle Kinder da.“

Michael sitzt neben Paul. Julia und Biene sitzen hinter Michael und Paul. Paul hat einen CD-Spieler. Er hört Musik: tsch-tsch-tsch-tsch, sch, sch ...
Biene flüstert: „Was hast du da?“

Frau Adams sieht den CD-Spieler.
Frau Adams: „Paul, gib mir sofort den CD-Spieler!
In der Schule brauchen wir den nicht.“
Frau Adams nimmt den CD-Spieler.
Paul ist böse.
Jetzt hat Frau Adams den CD-Spieler!

Die Kinder stellen sich vor.
Julia: „Ich heiße Julia Schmitt. Ich wohne in der Friedensstraße Nummer fünf. Ich bin sechs Jahre alt.
Und das ist Biene. Sie ist meine Freundin.“

Frau Adams geht zur Tafel und schreibt.
Frau Adams: „Das ist meine Telefonnummer. Könnt ihr die Zahlen lesen?“
Paul: „Klar! Acht zwei sieben null.“
Frau Adams: „Sehr gut!“
Michael: „Haben Sie auch eine E-Mail-Adresse?“
Frau Adams: „Ja. Könnt ihr denn schon schreiben?“
Biene: „Nur ein bisschen. Aber Max, mein Bruder, kann schreiben. Wir schreiben immer zusammen E-Mails!“
Frau Adams: „Na gut, hier ist meine E-Mail-Adresse.“

Frau Adams stellt ihre Tasche auf den Tisch.
Frau Adams: „Passt gut auf! Das brauchen wir in der Schule: einen Bleistift, einen Füller, einen Radiergummi, zwei Hefte mit Linien, ein Heft mit Rechenkästchen, Buntstifte oder Filzstifte und ...

... oh, das nicht, das ist mein Frühstück! Das brauchen wir nicht.“
Die Kinder lachen.

Jetzt schauen alle Kinder in die Schultüten.
Was ist in den Schultüten?
Schulsachen, Obst und viele Süßigkeiten: Schokolade, Bonbons, Kekse ...

Es ist Viertel nach elf. Die Schule ist aus.
Biene und Julia gehen zusammen nach Hause.
Sie essen Kekse und Schokolade.
Biene: „Julia, kommst du heute Nachmittag zu mir? Dann können wir zusammen spielen."
Julia: „Ja, prima! Tschüss, Biene, bis später."
Biene: „Tschüss, Julia."

1. Wer ist das?

Das ist Martin. Er ist ... Jahre alt. Er wohnt in ...
Das ist Susanne. ...

Ich heiße Sabine Schneider.
Ich bin sechs Jahre alt und
ich wohne in der Friedensstraße. Meine Freundin heißt
Julia Schmitt. Sie ist auch
sechs Jahre alt und sie wohnt
auch in der Friedensstraße.
Sie wohnt im Haus Nummer
fünf. Julia und ich, wir gehen
zusammen in die Schule.
Wir spielen auch zusammen.

2. Schreibe über dich.

Wie heißt du und wie alt bist du? Wo wohnst du?
Wie heißt deine beste Freundin / dein bester Freund?
Wie alt ist sie / er?
Wo wohnt sie / er?
Was macht ihr zusammen?

3. Ich sehe ...

☺ Ich sehe die Nummer fünf. ☻ Du siehst ...
☺ Richtig.

die Tafel	der Lappen	das Buch	das Heft
das Fenster	die Kreide	die Uhr	der Mülleimer
die Lampe	die Schultüte	die Lehrerin	der Bleistift
der Stuhl	die Bonbons	das Lineal	der Apfel
der Radiergummi	die Schere	die Tasche	der Kassettenrekorder
der Spitzer	der Kleber	der Schüler	der Rucksack
der Tisch	der Lolli		die Schülerin

Das Kino brennt!

Heute ist Dienstag.
Die Klasse 3 hat Deutsch bei Herrn Müller.
Die Kinder schreiben ein Diktat.
Nur Lukas schreibt nicht.
Er schaut aus dem Fenster.
Herr Müller: „Lukas, pass doch auf!
Schau nicht immer aus dem Fenster!“

Aber jetzt schauen alle Kinder aus dem Fenster.
Vor dem Fenster ist Rauch, viel Rauch!
Uiuiuiuiuiui ... eine Sirene.
Feueralarm in der Schule!
Herr Müller: „Kinder, es brennt! Hört zu: Lasst sofort alle Sachen liegen! Macht alle Fenster zu!
Wir gehen jetzt zusammen auf den Schulhof.“

Die Kinder rufen: „Feuer! Es brennt! Feuer!“
Sie gehen auf den Schulhof. Da sind auch die anderen Kinder.
Alle sind sehr aufgeregt.

Herr Müller und Frau Adams zählen die Kinder.
Ein Glück! Alle Kinder sind da.

pitel 3

Brennt die Schule?
Nein!
Das Kino brennt!

Tatü – tata, tatü – tata.
Zwei Feuerwehrautos fahren vorbei.
Lukas rennt zum Schultor und ruft:
„Kommt mit, wir helfen!“
Max: „Halt, Lukas, bleib hier!
Wir dürfen nicht auf die Straße gehen.
Das ist viel zu gefährlich!“

Frau Adams: „Kinder, hört zu!
Das Kino brennt. Aber habt keine
Angst! Hier kann nichts passieren.
Die Feuerwehr löscht das Feuer
und wir spielen auf dem Schulhof,
bis alles vorbei ist.“

Die Kinder spielen ‚Anschlagen'.
Max erklärt das Spiel.
Max: „Das geht so: Wir spielen Fangen. Wenn du ein Kind am Bein berührst, dann muss das Kind die Hand ans Bein legen und muss dann so fangen."

Das ist lustig!
Max berührt das Knie von Julia.
Julia hat die linke Hand am Knie und muss jetzt fangen.
Dann berührt Julia das Ohr von Biene.
Biene hat die rechte Hand am Ohr und muss fangen.

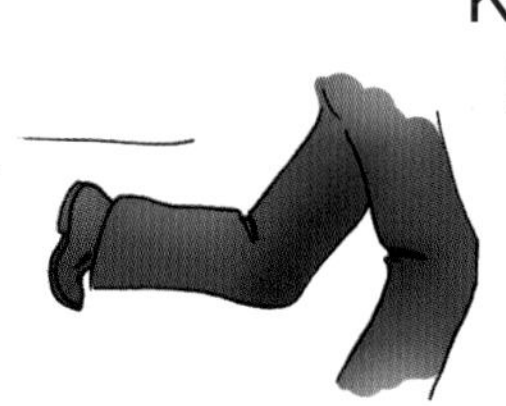

1. Was berührt Biene?

Biene berührt den Kopf von Michael.
Michael hat die rechte Hand am ...
Michael berührt ...

Biene, Max und Julia fahren mit Herrn Schneider nach Hause.

Max: „Da war ein Feuer im Kino, Papa. Ich habe die Feuerwehrautos gesehen!“
Herr Schneider: „Das Kino hat gebrannt? Ein Glück, dass nichts passiert ist!“
Biene: „Wir waren alle auf dem Schulhof und haben gespielt. Wir haben den Rauch gesehen!“
Julia: „Ja, und dann haben wir die Sirene gehört, so: uiuiuiui ...“

Am Nachmittag geht Biene zu Mama.

Biene: „Mama, dürfen wir heute Abend eine E-Mail an Tante Beate schreiben?“
Frau Schneider: „Natürlich. Da freut sich Tante Beate.“

Am Abend gehen Biene und Max zum Computer und schreiben eine E-Mail an Tante Beate:

Von: Max.Schneider@frosch.de
An: <Beate.Schneider@baer.de>
Betreff: Feuer im Kino
Datum: 15. September

Hallo Tante Beate,
das Kino hat gebrannt.
Wir haben auf dem Schulhof gespielt.
Jetzt ist alles wieder gut!

Deine Biene und dein Max

2. Was machen Biene und Max am Abend? Was zuerst und was danach? Erzähle.

Max schläft auch ein.

Dann putzen sie sich die Zähne.

Biene schläft schnell ein.

Biene und Max schreiben eine E-Mail.

Danach gehen sie ins Bett.

Sie träumen von ... (?)

Mama gibt Biene und Max einen Kuss.

3. Das gibt es in der Stadt von Biene und Max:

eine Post
eine Schule
ein Kino
eine Kirche
ein Theater
eine Bäckerei
einen Supermarkt
eine Apotheke
ein Schwimmbad

In der Stadt gibt es eine Schule. Das ist die Nummer vier.
Da gibt es auch eine Bäckerei. Das ist die Nummer ...

Welches Bild fehlt? Male es in dein Heft.

4. Was gibt es in deiner Stadt? Erzähle.

Die Neue

Die Klasse 3 hat Sport.
Die Kinder rennen im Kreis,
sie springen über den Kasten,
sie krabbeln durch einen Ring,
sie hüpfen auf dem Trampolin
und sie klettern die Sprossenwand hoch.

Herr Müller: „Kinder, in zehn Minuten ist Pause. Wir hören jetzt auf. Geht und zieht euch um."

Die Kinder gehen in die Umkleideräume. Hier liegt alles durcheinander! Da liegt ein weißer Strumpf auf der Fensterbank. Ein gelbes T-Shirt liegt vor dem Fenster, ein brauner Stiefel steht auf der Bank. Eine rote Jacke liegt auf dem Boden. Herr Müller kommt. Er ist böse!

Herr Müller: „Wie sieht es denn hier aus? Jetzt räumt aber schnell auf!"

Die Kinder ziehen die Sportsachen aus. Dann ziehen sie ihre langen Hosen, Pullover und Schuhe an.

Max sucht einen Schuh.
Max: „Wo ist mein Schuh?“

Da liegt ein Schuh unter der Bank.
Lukas: „Ist das dein Schuh?“
Max: „Ja, gib her!“
Lukas: „Fang ihn!“

Lukas wirft den Schuh hoch.
Aber Max kann ihn nicht fangen.
Der Schuh fliegt aus dem Fenster – auf den Schulhof!

Max hüpft auf einem Bein.
Max: „Mein Schuh, mein Schuh!“
Die Kinder lachen.
Lukas: „Oh, Entschuldigung. Das wollte ich nicht.“

Da steht ein Mädchen vor dem Fenster.
Es hält den Schuh hoch.
Max: „Da ist ja mein Schuh. Danke!“
Max nimmt den Schuh und zieht ihn an.
Max: „Wie heißt du denn?“

Kapitel 4

Aber das Mädchen ist schon weg!
Es klingelt. Pause.

Die Kinder gehen auf den Schulhof und essen ihr Pausenfrühstück.
Max isst eine Banane. Biene isst ein Brot mit Käse. Julia isst einen Apfel. Lukas trinkt Kakao.

Da kommt Frau Adams mit einem Mädchen auf den Schulhof.
Frau Adams: „Hallo, Kinder, hier ist eine neue Schülerin. Sie heißt Carmen. Carmen kommt aus Spanien."
Max: „Hallo, Carmen! Sprichst du deutsch?"
Carmen: „Nein ... ja ... ein bisschen."

Max: „Also, ich bin Max. Und das ist Biene. Biene ist meine Schwester. Das ist mein Freund Lukas. Lukas kommt aus Griechenland. Und das ist Julia. Sie kommt aus Berlin, aber jetzt wohnt sie hier."
Carmen lächelt. Sie sagt aber nichts.

Biene: „Carmen, komm doch heute Nachmittag zu uns. Wir können zusammen im Garten spielen."

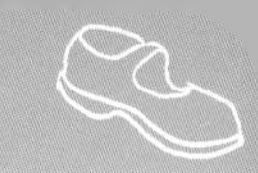

1. Wie heißen die Lebensmittel?

A = das Ketchup,
B = ...

Was isst du in der Pause?

Am Nachmittag geht Carmen zu Biene und Max. Die Kinder sitzen im Garten. Carmen möchte Deutsch lernen.

Biene: „Kommt, wir spielen der-das-die!“
Das geht so: Max und Biene rufen ein Wort und Carmen muss *der*, *das* oder *die* sagen.
Biene: „Hose.“
Carmen: „Die Hose!“
Max: „Kopf.“
Carmen: „Der Kopf!“

Carmen ist glücklich.
Biene und Max sind so nett!

Max: „Wie ist dein Nachname?“
Carmen: „Rodriguez.“
Max: „Ro...? Wie schreibt man das?
Kannst du das buchstabieren?“
Carmen: „R - O - D – ...
Nein, das kann ich nicht.“
Carmen schreibt auf ein Blatt Papier: RODRIGUEZ

Da kommt Frau Schneider.
Sie bringt Kuchen und Orangensaft.

2. Bienes Familie

Ich heiße Biene
und meine Puppe heißt Tine.
Mein Papa heißt Hans.
Mein Opa heißt Franz.
Meine Mama heißt Renate.
Meine Tante heißt Beate.
Meine Oma heißt Ottilie.
Das ist meine Familie.

3. Zeichne deine Familie und deine Freunde ins Heft und erzähle:
Ich heiße ... Ich bin ... Jahre alt.
Ich habe ... Schwester / Schwestern und ... Bruder / Brüder.
Meine Schwester heißt ... Sie ist ... Jahre alt. Mein Bruder ...

4. Aus welchem Land kommen die Kinder?
Carmen kommt aus Spanien.
Ben kommt aus ...

5. Kennst du Wörter oder Sätze in einer anderen Sprache?
Sag sie. Deine Klassenkameraden raten, welche Sprache es ist.

6. Sprich das Alphabet auf Deutsch und in deiner Sprache.

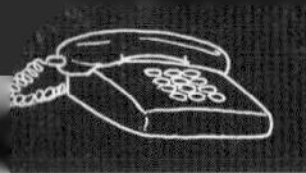

Kapitel 5

Bienes Freunde

Donnerstag, erste Stunde. Rechnen bei Frau Adams.
Frau Adams: „Guten Morgen, Kinder!"
Kinder: „Guten Morgen, Frau Adams!"
Frau Adams: „Habt ihr die Hausaufgaben gemacht? Michael, bitte lies die erste Aufgabe vor."
Michael: „Fünf plus fünf ist zehn."
Frau Adams: „Sehr gut, Michael. Julia, bitte jetzt du!"
Julia: „Drei plus vier ist sieben."
Frau Adams: „Danke! Und jetzt du, Biene!"
Aber Biene passt nicht auf.

Biene malt.

Frau Adams: „Biene, pass auf! Was malst du denn da?"
Biene: „Ich male Bella und Benny, meine Freunde."
Michael: „Das sind deine Freunde? Das sind doch Bären!"

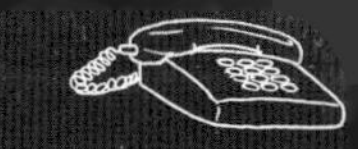

Frau Adams: „Biene, kannst du mir das erklären? Was sind das für Bären?“
Biene: „Bella und Benny wohnen im Wald, bei unserem Ferienhaus! Bella ist eine Bärenmama und Benny ist ein Bärenbaby.“
Frau Adams: „Du möchtest wieder in den Wald fahren, stimmt's?“
Biene: „Ja, es ist so schön im Wald! Dürfen wir einmal alle zusammen in den Wald fahren, Frau Adams?“
Frau Adams: „Vielleicht! Aber zuerst möchte ich mit deinen Eltern sprechen.“

Die Kinder gehen in die Pause.
Biene: „Paul, Michael, wollen wir Fangen spielen?“
Michael: „Mit dir nicht, Biene! Du spinnst! Spiel doch mit deinen Bären!“
Biene weint. Da kommt Julia.
Julia: „Biene, ist doch nicht so schlimm! Komm und spiel mit mir.“
Aber Biene hat keine Lust zu spielen. Sie ist traurig.

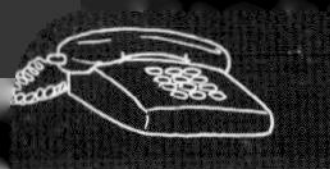

Kapitel 5

Nach der Schule geht Biene zu Mama.

Biene: „Mama, Frau Adams möchte mit dir sprechen."
Frau Schneider: „Biene, hast du etwas Schlimmes gemacht?"
Biene: „Nein, Mama. Aber Michael sagt, Benny und Bella sind nicht meine Freunde."

Biene weint wieder. Frau Schneider nimmt Biene in den Arm.
Frau Schneider: „Sei nicht traurig, Biene! Ich rufe gleich Frau Adams an."

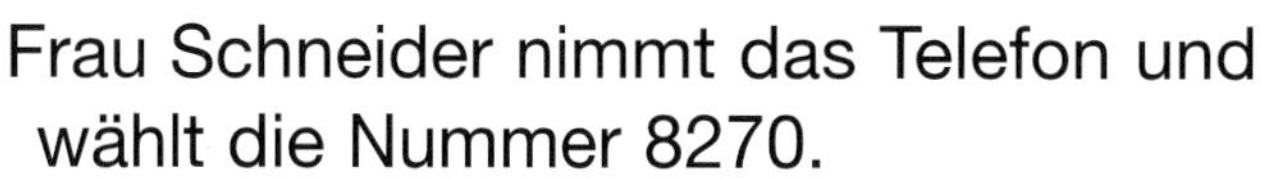

Frau Schneider nimmt das Telefon und wählt die Nummer 8270.

Frau Adams: „Hier Adams."
Frau Schneider: „Guten Tag, Frau Adams, hier ist Frau Schneider, die Mutter von Sabine."
Frau Adams: „Hallo, Frau Schneider! Schön, dass Sie anrufen. Biene ist traurig und passt nicht auf. Sie denkt immer an die Ferien. Sie sagt, im Wald sind zwei Bären."

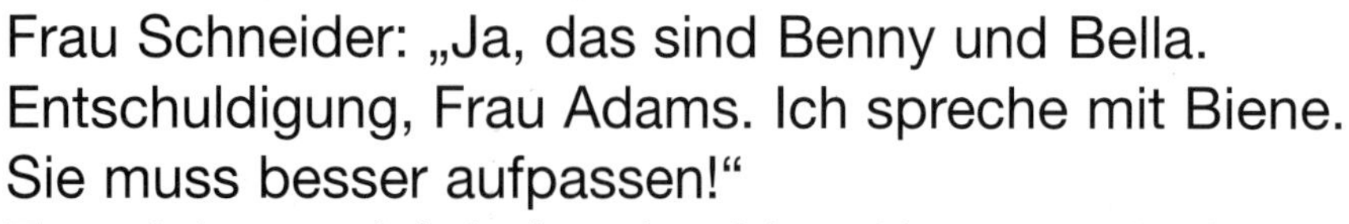

Frau Schneider: „Ja, das sind Benny und Bella. Entschuldigung, Frau Adams. Ich spreche mit Biene. Sie muss besser aufpassen!"
Frau Adams: „Ich habe eine Idee: Können wir einmal alle zusammen in den Wald fahren? Dann ist Biene nicht mehr traurig."
Frau Schneider: „Eine gute Idee, Frau Adams! Am Sonntag können wir zusammen in den Wald fahren. Wir können eine Grillparty machen."
Frau Adams: „Das ist toll! Tschüss, Frau Schneider, bis Sonntag."
Frau Schneider: „Tschüss, Frau Adams."

1. Welches Tier siehst du?

☻ Ich sehe ein Tier. Welches?
☺ Kann dein Tier schwimmen?
☻ Ja.
☺ Ist es eine Ente?
☻ Nein.
☺ Dann ist es ein Fisch.
☻ Richtig, jetzt du!

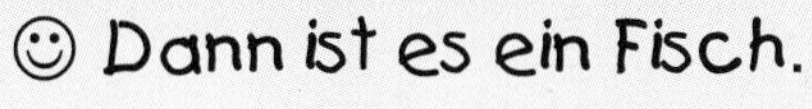

2. Schreibe ein Rätsel. So:

Mein Tier ist groß. Es ist braun und kann klettern und rennen.
Es hat vier Beine. Es frisst gern Honig. Welches Tier ist das?
Lies dein Rätsel vor. Wer richtig rät, darf sein Rätsel vorlesen.

3. Was können Tiere nicht? Erzähle.

Tiere können nicht Computer spielen.
Tiere können nicht ...

Das Wiedersehen

Am nächsten Tag gibt Biene jedem Kind einen kleinen Brief: Julia, Paul, Michael und allen anderen Kindern. Carmen macht den Brief sofort auf.
Da steht:

Liebe Carmen,
am Sonntag machen
wir eine
Grillparty im Wald.
Wir treffen uns um
10.45 Uhr vor der
Schule.
Bitte komm!
Deine Biene

Alle Kinder freuen sich.

Am Samstag gehen Frau Adams, Herr Schneider und Biene auf den Markt.
Herr Schneider und Biene kaufen Salat, Kartoffeln und Tomaten für die Grillparty. Frau Adams kauft Würstchen und Eier.

Heute ist Sonntag.

Am Vormittag, um Viertel vor elf, treffen sich die Kinder vor der Schule. Max und Lukas sind auch da.

Onkel Johannes kommt mit dem Jeep. Herr Schmitt kommt mit einem kleinen Bus, Familie Schneider und Frau Adams kommen mit einem Auto. Alle Kinder steigen ein.

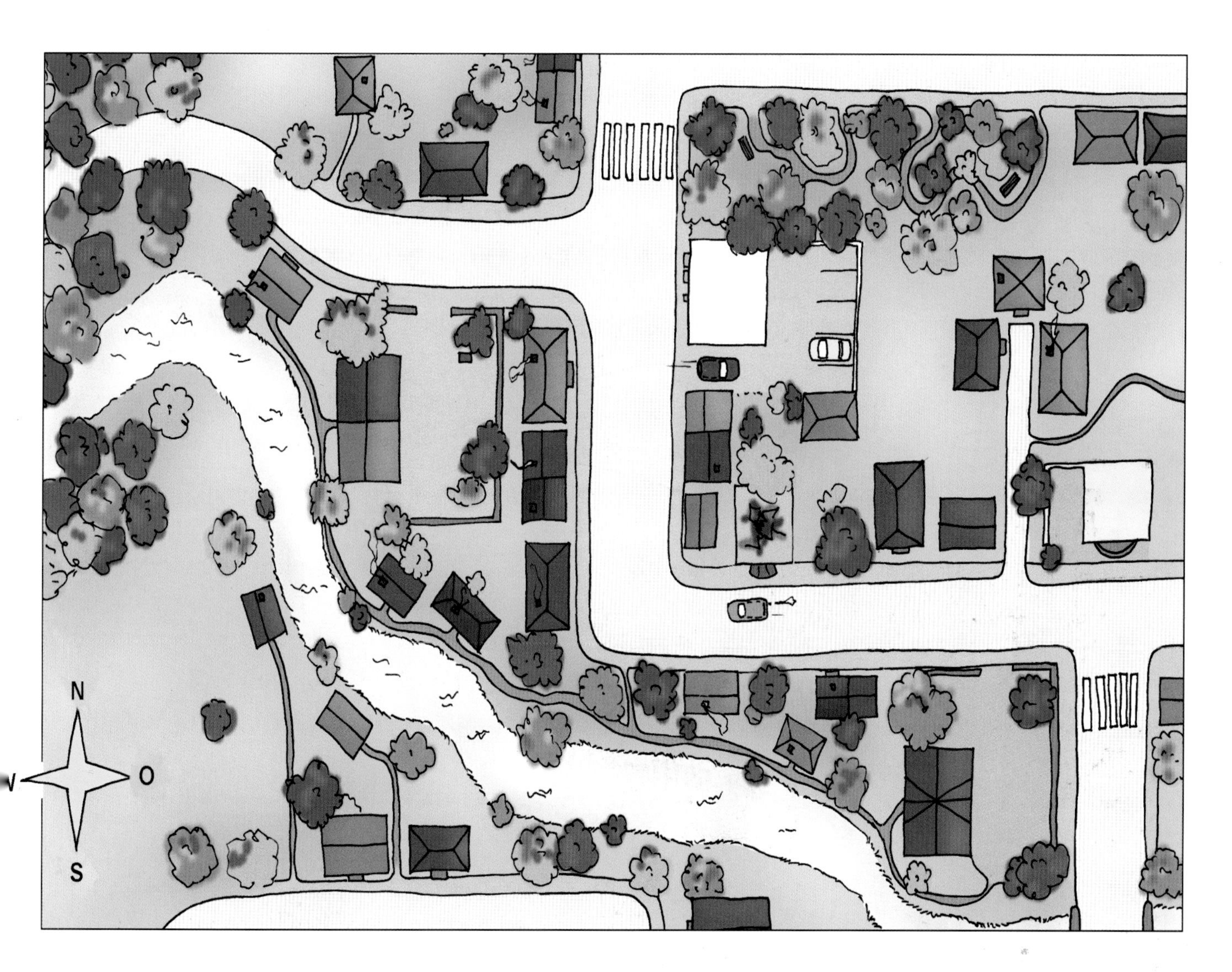

Jetzt geht es los! Zuerst geradeaus bis zum Kino. Oh, das Feuer hat alles kaputt gemacht! Dann rechts in die Hauptstraße. Bis zum Supermarkt. Dann links in die Waldstraße und zum Schluss immer geradeaus, in den Wald hinein.

Sie fahren eine Viertelstunde durch den Wald. Da ist das Ferienhaus. Max, Julia und Lukas gehen zum Wald und sammeln Holz. Biene und Herr Schneider machen ein Feuer. Frau Schneider macht gemischten Salat. Carmen hilft. Die anderen Kinder spielen Ball. Frau Adams sitzt am Fluss. Hier im Wald ist es schön!

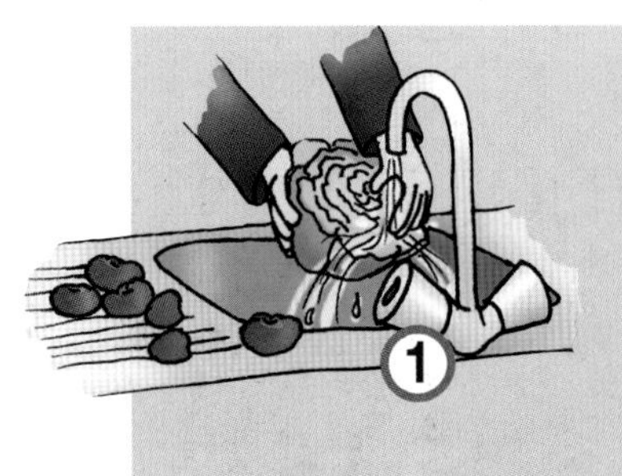

1. Frau Schneider und Carmen machen gemischten Salat. Was machen sie zuerst, was danach? Schreibe das Rezept richtig ins Heft.

Salz, Öl und Essig dazu geben.

Ein bisschen Pfeffer dazu. Vorsicht! Pfeffer ist scharf!

Zuerst den Salat und die Tomaten waschen.

Danach die Eier, den Salat und die Tomaten in kleine Stücke schneiden.

Fertig!!

Dann die Eier kochen (zehn Minuten).

Welcher Satz passt zu welchem Bild? 1 = ...

Kennst du auch ein Rezept?
Welche Lebensmittel brauchst du dazu?
Schreibe auf und lies vor.
Die anderen raten, was du machst.
So:

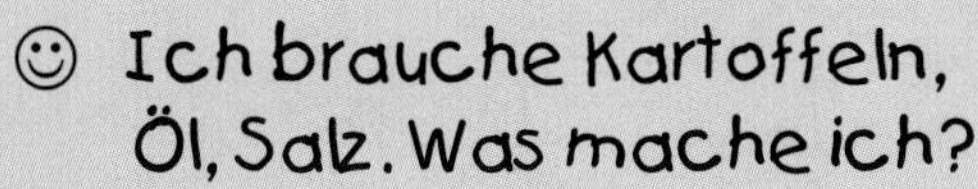

Das Feuer brennt. Auf dem Grill liegen Würstchen und Fleisch. Lukas und Julia passen auf.

Lukas: „Magst du Würstchen?"
Julia: „Klar! Würstchen sind lecker!"
Lukas: „Was magst du lieber: Würstchen oder Pommes?"
Julia: „Würstchen. Am liebsten mag ich Würstchen mit Ketchup!"

Jedes Kind bekommt ein Würstchen und gemischten Salat. Es gibt auch Kartoffelsalat, Apfelsaft und Wasser. Die Kinder essen.
Guten Appetit!

Carmen nimmt die Ketchupflasche, aber sie passt nicht auf. Das Ketchup spritzt auf das Hemd von Herrn Schneider. Oh ... Herr Schneider hat ein Ketchup-Hemd!

Herr Schneider lacht: „Macht nichts! Wir waschen das Hemd, dann ist es wieder sauber!"
Alle Kinder lachen. Glück gehabt! Herr Schneider ist nicht böse.

Plötzlich macht Michael ganz große Augen. Er schaut zum Wald. Was ist denn das?

Da steht ein Bär!

Jetzt sehen es alle Kinder: Da steht ein großer Bär!
Herr Schneider: „Ruhig, Kinder, ganz ruhig!“
Aber die Kinder schreien laut: „Ein Bär!“ „Der ist aber groß!“ „Wie süß!“
Michael und Paul haben Angst.
Sie rufen: „Frau Adams, ich habe Angst!“ „Ich möchte nach Hause!“

Der Bär brummt.
Biene: „Das ist doch Bella. Warum schreit ihr denn so laut? Seid doch leise!“
Aber die Kinder schreien noch lauter.

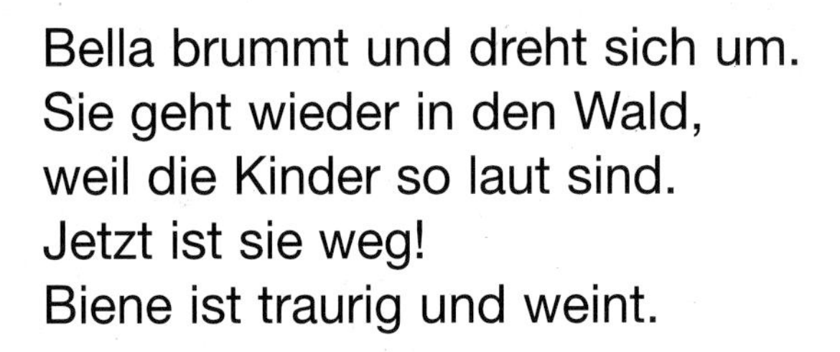

Bella brummt und dreht sich um.
Sie geht wieder in den Wald,
weil die Kinder so laut sind.
Jetzt ist sie weg!
Biene ist traurig und weint.

Es ist Abend. Die Kinder sammeln den Müll ein und
tragen alles in die Autos: die Teller, die Gläser, die Messer, die Gabeln und die Flaschen. Dann löschen sie das Feuer.
Sie wissen: Feuer im Wald ist gefährlich! Dann steigen alle Kinder in die Autos. Die Autos fahren los.

Plötzlich ruft Biene:
„Benny! Schaut mal, da ist Benny, mein Benny!“
Da auf der Wiese, ganz nah am Wald, da sitzt ein Bär.
Er ist kleiner als Bella, die Bärenmama. Das ist Benny.

Herr Schneider sagt leise: „Psst, seid ganz leise!“
Er steigt aus dem Auto, geht zum Bus, nimmt den Eimer mit den Resten und legt alles auf die Wiese: Kartoffelschalen, ein bisschen Salat und ein bisschen Brot. Dann geht er zum Auto zurück.
Die Kinder sind ganz leise.

Wirklich – der kleine Bär Benny kommt und frisst! Er brummt. Dann dreht er sich um und geht wieder in den Wald.

Biene ist wieder fröhlich und lacht.
Biene: „Seht ihr? Benny und Bella sind meine Freunde!“
Dann fahren sie weiter, zurück in die Stadt. Alle Kinder sind aufgeregt. Alle haben die Bären gesehen. Die Bären sind wirklich Bienes Freunde! Biene ist toll!

2. Was isst du gern? Was trinkst du gern?

*Was isst du **gern**?* ♥
Ich esse **gern** Pommes.
Und was trinkst du gern?
Ich trinke gern ...

*Was isst du **lieber**: Pizza oder Salat?* ♥♥
Ich esse **lieber** Pizza **als** Salat.
Und was trinkst du lieber: Limo oder Tee?
Ich trinke lieber ...

*Und was isst du **am liebsten**?* ♥♥♥
Ich esse **am liebsten** Eis!
Und was trinkst du am liebsten?
Ich trinke am liebsten ...

Frage deine Nachbarn.
Zeichne eine Tabelle in dein Heft und trage die Antworten ein.

		☺ ______	☺ ______	☺ ______
♥	☺ isst gern ☺ trinkt gern			
♥♥♥	☺ isst am liebsten ☺ trinkt am liebsten			
☹	☹ isst / trinkt nicht gern			

Jetzt schreibe über dich: Ich esse gern ... Ich esse lieber ...

Die Geburtstagsfeier

Julia hat einen großen Bruder. Er heißt Peter. Peter ist zehn Jahre alt und geht schon in die vierte Klasse. Peter spielt in einer Popgruppe.
Sie heißt: Die Poptops.

Peter spielt Schlagzeug, Sven spielt Gitarre, Katharina spielt Keyboard und Susanne singt. Die Poptops spielen immer sehr laut.

Aber heute spielen sie sehr leise.
Sie üben ein Geburtstagslied.
Biene und Julia singen auch mit.
Denn morgen, am Donnerstag,
hat Frau Adams Geburtstag.

Am Abend ruft Julia bei Biene an.
Biene: „Sabine Schneider."
Julia: „Hallo, Biene, hier ist Julia. Was ziehst du morgen an? Frau Adams hat doch morgen Geburtstag!"
Biene: „Hm, was ziehe ich an? Meinen blauen Pullover und meine weiße Hose. Und du?"

Julia: „Ich weiß nicht! Vielleicht meinen grünen Rock und das gelbe T-Shirt?"
Biene: „Ja, zieh den Rock an, Julia. Der Rock ist toll!"
Julia: „Na gut. Danke, Biene, bis morgen!"
Biene: „Ja, bis morgen, Julia! Tschüss!"
Julia: „Tschüss!"

Donnerstag, zehn vor acht. Die Kinder schmücken das Klassenzimmer und Herr Müller hilft:
Paul und Carmen hängen eine große Girlande auf. Julia zündet eine Kerze an. Michael klebt Papierblumen ans Fenster.
Auf dem Tisch von Frau Adams steht ein großer Blumenstrauß.
Daneben liegt eine große, bunte Karte. Auf der Karte steht:

Fertig!
Frau Adams kommt ins Klassenzimmer und die Kinder singen ein Geburtstagslied. Michael schenkt Frau Adams eine tolle Papierblume. Paul schenkt Frau Adams einen Kuchen. Biene und Julia lesen ein Gedicht vor. Frau Adams freut sich sehr!

Biene: „Das ist aber noch nicht alles, Frau Adams! Wir haben eine Überraschung!“

Biene und Julia rennen zum Fenster und machen es auf. Wer steht denn da auf dem Schulhof? Die Poptops!
Sie spielen ein Geburtstagslied: „Zum Geburtstag viel Glück“

Frau Adams nimmt die Gitarre aus dem Schrank. Dann gehen alle auf den Schulhof. Die Kinder setzen sich in den Kreis und singen – auch die Poptops. Alle sind fröhlich und lachen. Eine tolle Geburtstagsfeier!

1. Wann haben die Kinder Geburtstag?

Erzähle:

Max hat im Frühling Geburtstag. Max hat im Mai Geburtstag.
Max hat am dritten Mai Geburtstag ...

Wann hast du Geburtstag? Wann hat deine Freundin / dein Freund Geburtstag?

Frage deine Klassenkameraden und schreibe alle Geburtstage in dein Heft:

Alexander - 28. April, Maria - 19. Mai, ...

Macht einen Geburtstagskalender für die Klasse.

Müll in der Schule

Heute ist Projekttag in der Schule. Das Thema heißt: „Müll – Wir räumen unsere Schule auf."

Die erste Klasse sammelt Müll auf dem Schulhof, die zweite Klasse sammelt Müll im Schulhaus, die dritte Klasse sammelt Müll auf dem Sportplatz und die vierte Klasse sammelt Müll am Fluss.

Die Kinder bringen den Müll auf den Schulhof. Dort stehen fünf große Mülltonnen: eine Mülltonne für Plastik, eine für Glas, eine für Papier, eine für Biomüll und eine für Restmüll.
Herr Müller, Carmen und Lukas sortieren den Müll.

1. Welcher Müll kommt in welche Mülltonne?

die Flaschen	die Zeitung	das Brot	die Comics	der Kleber
der Apfel	der Papierteller	der Füller	der Gummiball	die Dose
der Plastikbecher	der Jogurtbecher	die Wurst	die Safttüte	die Kassette

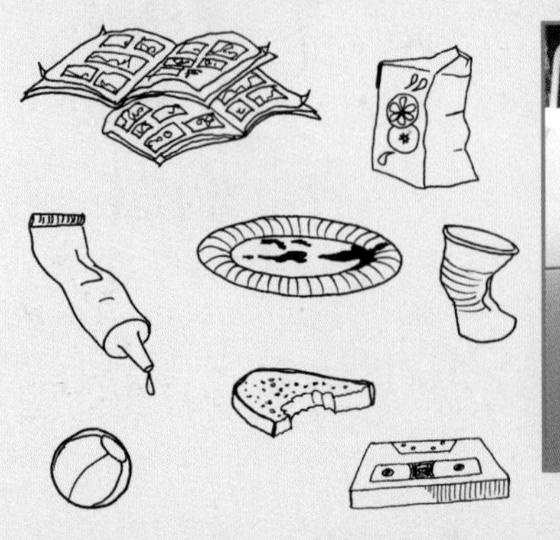

Malt große Mülltonnen auf ein Blatt. Schreibt auf die Mülltonnen:

Papier | Plastik | Biomüll | Glas | Restmüll

Schneidet dann Bilder aus Zeitschriften aus und klebt sie in die richtige Mülltonne. Schreibt dann ins Heft:
Die Flaschen kommen in die Glastonne. Die Zeitung kommt in ...

Wau! Wau! Plötzlich kommt ein Hund zu den Mülltonnen.
Lukas: „Geh weg! Igitt! Du machst ja alles schmutzig!“

Carmen nimmt ein Wurstbrot aus der Tasche.
Carmen: „Komm her, kleiner Hund.
Hier ist etwas für dich.“
Der Hund kommt zu Carmen.

Er frisst ein Stück Wurst.
Lukas: „Ist das dein Hund, Carmen?“
Carmen: „Nein!“

Da kommt Herr Müller.
Herr Müller: „Nero, da bist du ja. Komm her!“
Carmen: „Ist das Ihr Hund?“
Herr Müller: „Ja, das ist mein Hund!“
Carmen: „Nero! Das ist ein schöner Hund.
Und er ist so lieb!“
Herr Müller: „Ja, er ist lieb. Hast du auch einen Hund, Carmen?“
Carmen: „Nein, ich habe keinen Hund. Aber ich habe eine kleine Katze. Sie heißt Mimi.“
Herr Müller: „Nero, du machst alles schmutzig.
Komm wir gehen!“
Herr Müller geht mit Nero ins Schulhaus.
Carmen winkt.
Carmen: „Tschüss, Nero!“

2. Verstehst du die Hundesprache? Was will der Hund „sagen“? Ordne zu.

A. Ich bin müde. B. Ich will spielen. C. Ich habe Angst.
D. Ich bin böse. E. Ich passe gut auf.

Kapitel 8

Endlich fertig! Der ganze Müll ist weg und die Schule ist wieder sauber.

Die dritte Klasse hat acht Tüten Müll gesammelt und bekommt einen Preis: Hundert Euro für die Klassenkasse!

Herr Müller geht in die dritte Klasse.
Herr Müller: „Herzlichen Glückwunsch! Ihr habt gewonnen! Ihr bekommt den Preis."

Alle Kinder freuen sich und rufen:
„Hurra!" „Wir haben gewonnen!"
„So viel Geld!"
„Wir sind die besten!" „Juhuu!"

Lukas: „Hört mal. Ich finde, wir sollten das Geld mit allen Kindern teilen."
Max: „Warum? Das ist doch unser Preis!"
Lukas: „Ja, aber die anderen Klassen haben doch auch gearbeitet! Auch Carmen, Julia und Biene."
Max: „Ja, und? Wir haben aber gewonnen!"
Lukas: „Wir können ja neue Bälle kaufen. Für alle Kinder in der Schule!"

Herr Müller: „Prima, Lukas!
Das ist eine gute Idee!"
Alle Kinder rufen durcheinander:
„Stimmt!" „Das finde ich auch!"
Max: „Na gut, ihr habt ja Recht.
Lasst uns neue Bälle kaufen. Basketbälle und Fußbälle. Das ist super!"

Am Nachmittag rennen Biene und Max zum Vater.

Max: „Papa, Papa, wir haben gewonnen! Wir bekommen hundert Euro für die Klassenkasse!"
Herr Schneider: „Toll! Herzlichen Glük-kwunsch! Was macht ihr jetzt mit dem Geld?"
Max: „Wir kaufen neue Bälle für den Sportunterricht."
Herr Schneider: „Prima, Max! Das ist eine gute Idee!"

Max: „Ich muss jetzt weg, Papa. Ich fahre zum Fußballtraining. Tschüss!"
Max nimmt seine Sporttasche, springt auf sein Fahrrad und fährt weg!

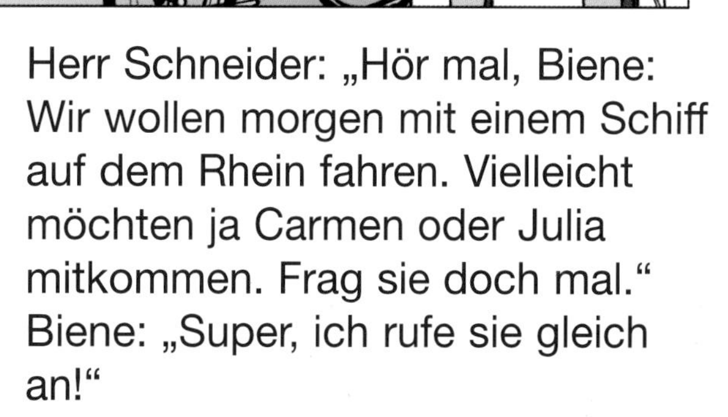

Herr Schneider: „Hör mal, Biene: Wir wollen morgen mit einem Schiff auf dem Rhein fahren. Vielleicht möchten ja Carmen oder Julia mitkommen. Frag sie doch mal."
Biene: „Super, ich rufe sie gleich an!"

Biene rennt ins Haus.

3. Wer macht was am liebsten? Ordne zu und erzähle.

Musik hören | schwimmen | Tennis spielen | fern/sehen | Klavier spielen | faulenzen | reiten | wandern | malen | lesen | Fußball spielen | Computer spielen | Fahrrad fahren | kochen

Benny malt am liebsten…

4. Was für ein Hobby hast du? Was machst du gern?
Frage fünf Personen (Lehrerin oder Lehrer, Eltern, Oma oder Opa, Tante oder Onkel ...). Schreibe in eine Tabelle:

Mama   *Gitarre spielen*
Tante ...   *...*

Jetzt erzähle: *Mama spielt gern Gitarre.*

5. Jetzt schreibe über dich. Was machst du gern?

Eine Fahrt auf dem Rhein

Endlich da! Mama, Papa, Biene, Max und Carmen steigen aus dem Auto.
Da ist schon das große Schiff.
Papa kauft die Fahrkarten.
Dann gehen sie auf das Schiff.

Dann geht es los! Das Schiff fährt auf dem Rhein. Links und rechts sieht man kleine Berge und viel Wald. Oh, da ist auch eine Burg!
Biene, Carmen und Max machen große Augen: „Toll – eine richtige Burg!“

Da kommt ein Mann.
Max fragt: „Hallo! Sind Sie der Kapitän?“
Kapitän: „Ja, ich bin Kapitän Winter.
Und wer bist du?“
Max: „Ich bin Max. Fahren Sie das Schiff?
Darf ich das mal sehen?“
Kapitän: „Klar, Max, komm mit! Und ihr zwei?
Wollt ihr auch mitkommen?“
Klar, Carmen und Biene wollen auch mitkommen!

1. **Auf welchem Fluss fahren Biene, Max und Carmen? Findest du ihn auf der Landkarte?**

2. **Schau dir die Fotos an. Findest du die Städte?**

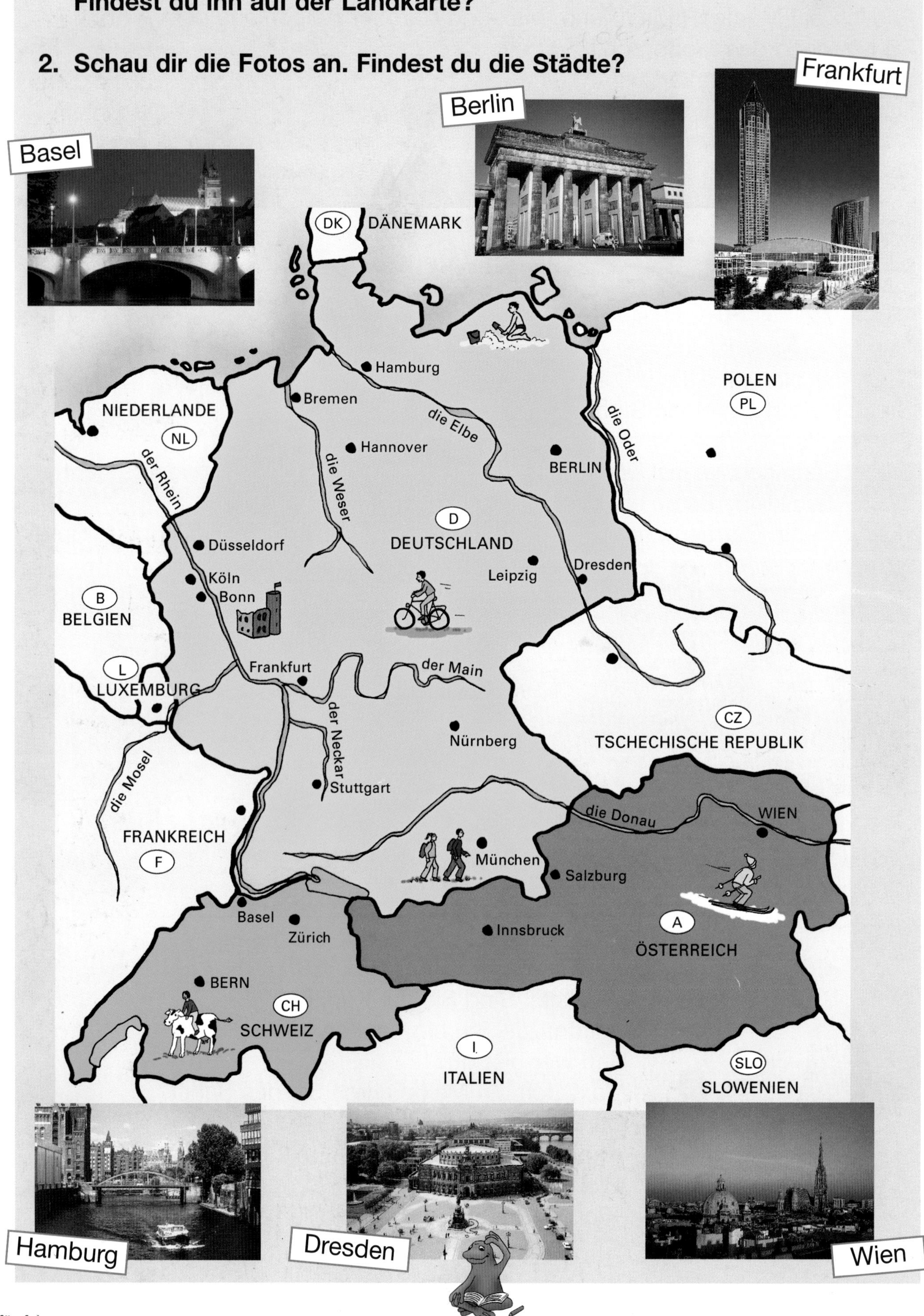

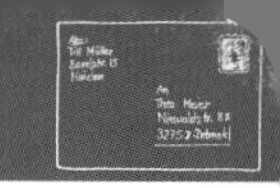

Carmen, Biene und Max gehen mit dem Kapitän über das Schiff. Sie gehen eine Treppe hoch. Hier arbeitet der Kapitän.

Biene: „Toll! Darf ich das Schiff auch mal fahren?“
Max: „Das kannst du doch nicht! Du bist doch viel zu klein!“
Kapitän: „Natürlich kann Biene das Schiff fahren. Komm her, Biene.“
Biene klettert auf einen Stuhl und legt die Hände ans Steuer.
Der Kapitän hält das Steuer fest und passt gut auf.
Biene: „Schaut mal, schaut mal! Ich fahre das Schiff!“

Biene, Max und Carmen laufen zurück.
Biene: „Wir waren beim Kapitän!“
Max: „Wir haben das Steuer gehalten.“
Carmen: „Der Kapitän ist sehr nett!“

Papa hat Eis gekauft. Vanilleeis, Erdbeereis und Schokoladeneis. Lecker!

Mama schreibt ein Postkarte an Oma und Opa.
Biene: „Darf ich eine Karte an Julia schreiben?“
Max: „Und ich möchte eine Karte an Lukas schreiben.“

Biene nimmt eine Karte.
Biene schreibt eine Karte an Julia und Max hilft ihr dabei.
Dann schreibt Max eine Karte an Lukas.

3. Wer hat welche Postkarte geschrieben?

2

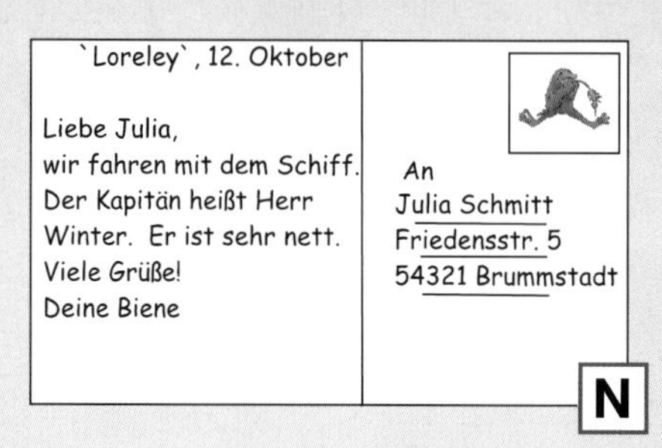

\`Loreley\`, 12. Oktober

Liebe Julia,
wir fahren mit dem Schiff.
Der Kapitän heißt Herr Winter. Er ist sehr nett.
Viele Grüße!
Deine Biene

An
Julia Schmitt
Friedensstr. 5
54321 Brummstadt

N

1

\`Loreley\`, 12. Oktober
Hallo Lukas,
Wir machen eine Fahrt auf dem Rhein. Wir haben die Stadt Köln gesehen. Da gibt es eine große Kirche: Das ist der Kölner Dom. Außerdem habe ich den Kapitän kennen gelernt. Viele Grüße!
Dein Max

An
Lukas Michaelis
Waldstr. 16
54321 Brummstadt

S

3

4

Büsum, 10. August
Hallo Peter,
viele Grüße von der Nordsee. Es ist toll hier! Wir gehen jeden Tag schwimmen. Gestern haben wir eine lange Fahrradtour am Strand gemacht. Bis bald,
deine Katharina

An
Peter Schmitt
Friedensstr. 5
54321 Brummstadt

N

Klosters, 3. Februar
Liebe Julia,
viele Grüße aus den Bergen. Hier ist es sehr schön: Es gibt viel Schnee und die Sonne scheint. Wir fahren jeden Tag Ski. Nur noch drei Tage, dann müssen wir wieder nach Hause fahren.
Deine Tante Christiane

An
Julia Schmitt
Friedensstr. 5
54321 Brummstadt
Deutschland

O

5

Elmau, 5. September
Liebe Julia, lieber Max,
viele Grüße aus Österreich. Das Wetter ist gut und wir gehen viel spazieren. Abends essen wir im Hotel. Das Essen ist sehr lecker.
Viele Grüße und Küsse!
Eure Oma und Opa

An
Biene und Max Schneider
Friedensstr. 12
54321 Brummstadt
Deutschland

E

Wie heißt das Lösungswort?
Kannst du das malen?

1	2	3	4	5

4. Wohin möchtest du in den Ferien fahren?
Schreibe eine Postkarte aus deinen Traumferien an deine Freunde zu Hause.

Am Abend sitzen alle zusammen im Garten.
Das war ein schöner Tag.
Carmen: „Kommt doch im Sommer zu uns nach Spanien.
Da ist das Haus von meiner Oma. Es liegt direkt am Meer."
Biene: „Toll! Da können wir schwimmen und tauchen."
Max: „Und ich möchte surfen!"
Mama: „Langsam! Wir müssen erst mit Carmens Oma sprechen."
Max: „Aber wir können ja gar nicht spanisch sprechen."
Carmen: „Macht nichts! Ich helfe euch. Spanisch ist ganz einfach."
Papa: „Und was ist mit Benny und Bella? Wenn wir nach Spanien fahren, dann könnt ihr Benny und Bella nicht sehen."
Max: „Ach, die Ferien sind so lang. Wir können nach Spanien und in den Wald fahren."
Biene: „Und wir schreiben Benny und Bella eine Postkarte!"
Biene, Maxi und Carmen lachen. Sie freuen sich schon auf die Ferien!

Wir schreiben über uns

1. Wir stellen uns vor

Ich heiße David. Ich bin neun Jahre alt. Ich wohne in Köln. Meine Hobbys sind: Fußball spielen, Fahrrad fahren und Computer spielen. Ich surfe viel im Internet und spiele Fußball in einem Fußballverein. Meine besten Freunde heißen: Tobias, Yannick, Max, Tim und Sebastian.

Ich heiße Friederike und bin neun Jahre alt. Meine Hobbys sind: Judo, Schwimmen und Tauchen. Mein Lieblingsfach ist Mathe. In den Sommerferien fahre ich am liebsten ans Meer. Ich habe eine große Familie: zwei kleine Schwestern und einen großen Bruder.

Ich heiße Diana, bin neun Jahre alt und wohne in Kassel. Meine Hobbys sind: Malen, Reiten und Singen. Ich habe eine kleine Schwester. Meine besten Freundinnen heißen Karla, Stella und Özlem. Ich habe im Oktober Geburtstag. Ich gehe gern in die Schule. Meine Lieblingsfächer sind Musik, Deutsch und Englisch.

Ich heiße Bastian, bin acht Jahre alt und wohne in München. Ich habe einen großen und einen kleinen Bruder. Wir haben einen großen Garten. Dort spielen wir zusammen.
Mein bester Freund heißt Fabian.

a) **Wie heißen die Kinder auf den Fotos?**
Lies die Texte und ordne zu.
1 = ..., 2= ..., 3= ..., 4 = ...

b) **Kannst du auch so einen Text schreiben?**

2. Wir feiern ein Fest

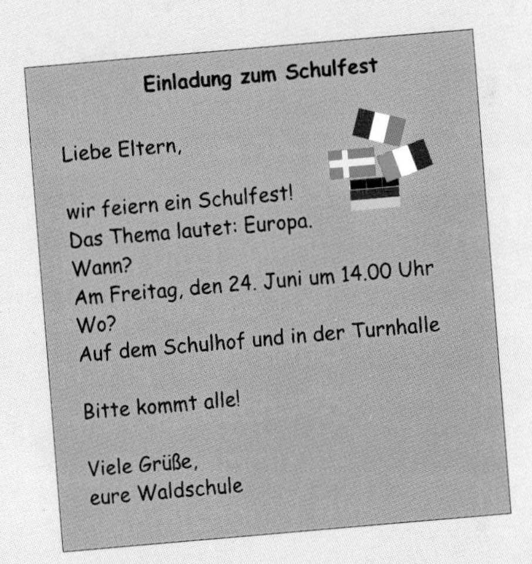

Einladung zum Schulfest

Liebe Eltern,

wir feiern ein Schulfest!
Das Thema lautet: Europa.
Wann?
Am Freitag, den 24. Juni um 14.00 Uhr
Wo?
Auf dem Schulhof und in der Turnhalle

Bitte kommt alle!

Viele Grüße,
eure Waldschule

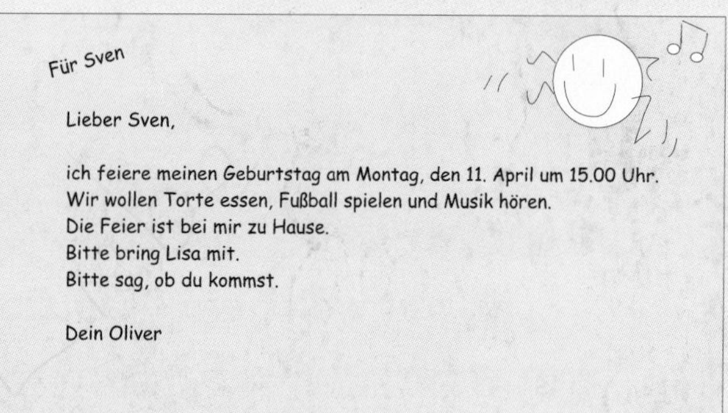

Für Sven

Lieber Sven,

ich feiere meinen Geburtstag am Montag, den 11. April um 15.00 Uhr.
Wir wollen Torte essen, Fußball spielen und Musik hören.
Die Feier ist bei mir zu Hause.
Bitte bring Lisa mit.
Bitte sag, ob du kommst.

Dein Oliver

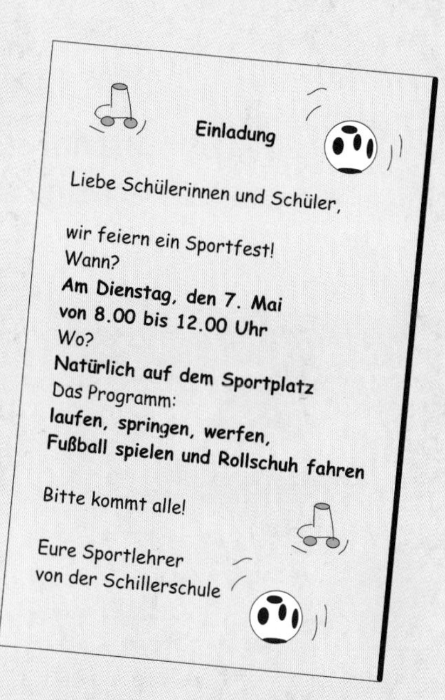

Einladung

Liebe Schülerinnen und Schüler,

wir feiern ein Sportfest!
Wann?
Am Dienstag, den 7. Mai
von 8.00 bis 12.00 Uhr
Wo?
Natürlich auf dem Sportplatz
Das Programm:
laufen, springen, werfen,
Fußball spielen und Rollschuh fahren

Bitte kommt alle!

Eure Sportlehrer
von der Schillerschule

a) Lies die Einladungskarten.
Auf welchem Foto siehst du die Waldschule,
die Schillerschule und Oliver?

b) Schreibe eine Einladung für deine Geburtstagsfeier.

3. Unsere Tiere

Ich heiße Sven und ich habe ein tolles Haustier. Es heißt Niko. Es ist drei Jahre alt. Ich gebe ihm jeden Tag Futter. Es frisst Fleisch, Knochen und Trockenfutter. Am liebsten spielen wir zusammen im Garten mit einem Ball. Mein Tier wedelt mit dem Schwanz, wenn wir in den Wald gehen.

Ich bin Christian und das ist mein Haustier. Ich finde mein Tier super. Es ist ganz lieb und weich. Am Tag schläft es viel, in der Nacht ist es manchmal laut. Dann spielt es in seinem Käfig. Am liebsten mag mein Tier Salat und Körner. Es heißt Freddi und ist ein Jahr alt.

Ich heiße Konstantin und mein Haustier heißt Lulu. Es ist zwei Jahre alt. Mein Tier ist tagsüber die meist Zeit draußen. Manchmal bringt Lulu Mäuse mit und legt sie vor die Haustür. Dann schimpfe ich mit Lulu. Abends kuscheln wir zusammen auf unserem Sofa im Wohnzimmer. Am liebster mag mein Tier Milch.

a) Auf welchem Foto siehst du Sven, Christian und Konstantin?
Was für Tiere sind Niko, Freddi und Lulu?

b) Hast du auch ein Haustier?
Kannst du auch ein Rätsel zu deinem oder einem anderen Tier schreiben?

1

2

3